BEI GRIN MACHT SICH IHR
WISSEN BEZAHLT

- Wir veröffentlichen Ihre Hausarbeit,
  Bachelor- und Masterarbeit

- Ihr eigenes eBook und Buch -
  weltweit in allen wichtigen Shops

- Verdienen Sie an jedem Verkauf

Jetzt bei www.GRIN.com hochladen
und kostenlos publizieren

Sandra Friederich

Dorothee Sölle - Biographie und Wirken

GRIN Verlag

Bibliografische Information der Deutschen Nationalbibliothek:

Die Deutsche Bibliothek verzeichnet diese Publikation in der Deutschen National-
bibliografie; detaillierte bibliografische Daten sind im Internet über http://dnb.d-
nb.de/ abrufbar.

Impressum:

Copyright © 2009 GRIN Verlag GmbH
Druck und Bindung: Books on Demand GmbH, Norderstedt Germany
ISBN: 978-3-640-78329-8

Dieses Buch bei GRIN:

http://www.grin.com/de/e-book/163805/dorothee-soelle-biographie-und-wirken

GRIN - Your knowledge has value

Der GRIN Verlag publiziert seit 1998 wissenschaftliche Arbeiten von Studenten, Hochschullehrern und anderen Akademikern als eBook und gedrucktes Buch. Die Verlagswebsite www.grin.com ist die ideale Plattform zur Veröffentlichung von Hausarbeiten, Abschlussarbeiten, wissenschaftlichen Aufsätzen, Dissertationen und Fachbüchern.

Besuchen Sie uns im Internet:

http://www.grin.com/

http://www.facebook.com/grincom

http://www.twitter.com/grin_com

Dorothee Sölle

„Gottsuchende, Wahrheitssuchende, Heimatsuchende"

Von:

Sandra Friederich

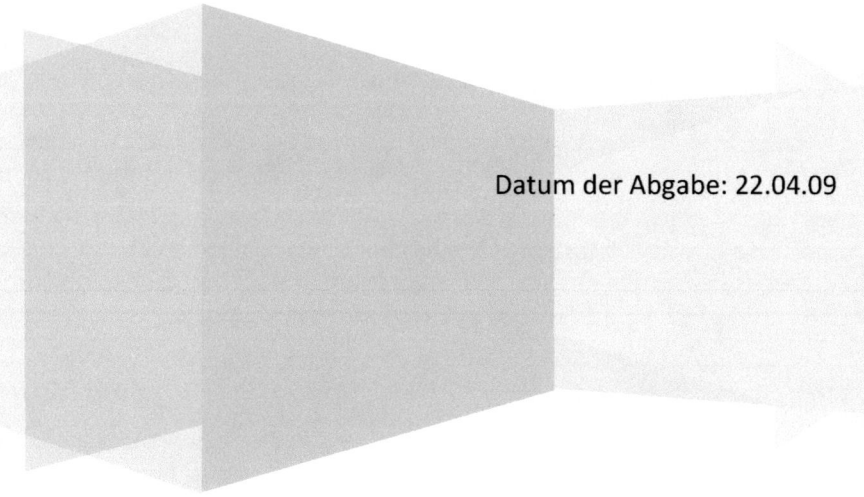

Datum der Abgabe: 22.04.09

Inhaltsverzeichnis

1. Biografische Anhaltspunkte

Am 30.09.1929 erblickte Dorothee, die Tochter von Hans Carl und Hildegard Nipperdey, das Licht der Welt. Sie wuchs in einem reichen Professorenviertel in Köln – Marienburg auf. Dank ihres Elternhauses gehört Dorothee zum gehobenen Bürgertum.[1] Ihr Vater war Professor für Arbeitsrecht und Präsident des Arbeitsgerichtes Kassel. Er war aus beruflichen Gründen viel unterwegs und kaum in Dorothees Leben präsent.

Dorothees Elternhaus beschreibt am ehesten die Position des säkularisierten Christentums.[2] Die Kirche spielte kaum eine Rolle im Leben der Nipperdeys. Doch verhielt man sich gutbürgerlich zu ihr, da sie in den Zeiten des Abfalls der Kirche diese nicht wie „die Ratte das sinkende Schiff" verlassen wollten.[3]

Hildegard Nipperdey war von Beruf Erzieherin. Sie war eine eindrucksvolle, kluge Frau mit protestantischen Grundsätzen und festen Regeln in der Lebensführung.[4]

Dorothee hatte drei ältere Brüder und zwei jüngere Schwestern. Alle Kinder des Ehepaars Nipperdey wurden konfirmiert. Dennoch bestand eine deutliche Distanz zwischen Dorothee und der Kirche. Das begründet sie zum Einen durch eine These Jean Paul Sartres: „In seiner Substanzt schien mir der Glaube ein unerlaubter Ausweg aus dem auszuhaltenden Dunkel. Die Christen waren zu feige, dem Nihilismus ins Gesicht zu sehen. Ich hatte eine vulgär-nietzscheanische Verachtung für das Christentum". Zum Anderen lag es an Dorothees schulischem Umfeld, bei welchem sie von „katholischer Dümmlichkeit" spricht und Mädchen bewunderte, welche den Religionsunterricht boykottierten.[5] Sie konnte jedoch auch Substanzen an christlichen Grundeinstellungen aus der Familie in das beginnende Erwachsenwerden retten.

Die Zeit des Nationalsozialismus bekam Dorothee nur am Rande mit. Sie verbrachte ihre Zeit damals in einem kleinen Kreis, welchem auch ihr Bruder Thomas und eine sehr gute Freundin Margot Zmarzlik angehörten. Dort lasen sie regelmäßig Schiller und diskutierten über seine Werke. Diese

---

[1] Renate Wind, Dorothee Sölle, S.23.
[2] Ralph Ludwig, Die Prophetin, S.16.
[3] Ebd.
[4] Ralph Ludwig, Die Prophetin, S.17.
[5] Ralph Ludwig, Die Prophetin, S.19.

sogenannte „Jungmädchenvereinigung" wurde von ihnen 1943 gegründet und diente als eine Art Fluchtburg, um sich von der Realität des Krieges abzuschirmen.[6]

Während der Bombardierung auf das Viertel Marienburg beschäftigte sich Dorothee das erste Mal intensiver mit dem Nationalsozialismus. Einige Monate danach las sie das Tagebuch der Anne Frank, welches in ihr eine starke Antipathie gegen den Nationalsozialismus gründete. In ihr löste es eine „ unauslösliche Scham: zu diesem Volk zu gehören, diese Sprache der KZ-Wächter zu sprechen, diese Lieder, die auch in der Hitlerjugend und im Bund der Mädchen gesungen wurden, zu singen. Diese Scham verjährt nicht, ja sie muss lebendig bleiben."[7] Hierdurch entstand in ihre eine Art Heimatlosigkeit. Die nach außen getragene Angepasstheit passte nicht mit ihrer inneren Einstellung zusammen.[8] In ihr hegte sich jedoch auch stets die Angst das deutsche Kulturgut, wie die deutsche Sprache, die deutsche Dichtung und die deutsche Musik zu verlieren.

Die Eltern von Dorothee waren selbst gegen die Ideologie der Nationalsozialisten und mieden den Kontakt zu Juden nicht. Hans Carl Nipperdey war zu einem Viertel jüdischer Abstammung.[9] Aus beruflichen Gründen wusste Hans Carl Nipperdey sich jedoch mit dem Regime zu arrangieren.

Ein großer Rückschlag für die gesamte Familie Nipperdey erfolgte mit der Nachricht, dass Carl Nipperdey auf dem Rückweg aus russischer Gefangenschaft im November 1949 ums Leben kam.[10]

Zu diesem Zeitpunkt war Dorothee auf einem Mädchengymnasium in Köln. Hier beschäftigte sie sich bereits mit Nietzsche, Benn, Heidegger, Camus, Sartre und Kierkegaard. Dort lernte sie eine Religionslehrerin namens Marie Veit kennen, welche ihre Einstellung zum Christentum grundlegend veränderte: „Die neue Religionslehrerin ist umwerfend gut, leider Christ!".[11] Dorothee beginnt zwischen ihrem durch Aggression verzerrten Bild des kirchlichen Christentums und dem echten Christentum zu unterscheiden. Sie sagte: „Was mich eigentlich in die Theologie gebracht hat war Christus" – „Da gab es das Gesicht eines Menschen, eines zu Tode Gefolterten vor zweitausend Jahren, der nicht Nihilist geworden war."[12]

Nach dem erfolgreichen Abschluss am Mädchengymnasium besuchte Dorothee 1950 die Universität Köln. Sie studierte Deutsch, Alte Sprachen und Philosophie. Jedoch erfüllte dieses Studium nicht ihre Erwartungen. Sie wechselt dann zu Theologie, weil sie die Frage um Auschwitz beschäftigt. Sie sagte: „ ich habe später versucht, eine Theologie von Auschwitz- und nicht jenseits dieses Ereignisses – zu

[6] Ralph Ludwig, Die Prophetin, S.18.
[7] Ralph Ludwig, Die Prophetin, S.27.
[8] Ebd.
[9] Ralph Ludwig, Die Prophetin, S.20.
[10] Renate Wind, Dorothee Sölle, S.31.
[11] Ralph Ludwig, Die Prophetin, S.23.
[12] Ralph Ludwig, Die Prophetin, S.24.

entwickeln. Ich wollte keinen Satz mehr schreiben, in dem nicht das Wissen von dieser in der Tat größten Katastrophe meines Volkes gegenwärtig ist oder gegenwärtig gemacht werden kann".[13] Aus diesem Grund wechselte sie 1951 nach Göttingen, um dort ein Theologiestudium zu beginnen. Dieses ließ jedoch ebenfalls die Dimension der politischen und sozialen Existenz offen.[14] Der Konflikt, der sie stets beschäftigt war folgender:

„Wo war Gott in Auschwitz? Der Glaube an diesen omnipotenten Gott, der alles so herrlich regieret, war erschüttert, und das war viele Jahre lang meine Hauptschwierigkeit mit dem Christentum."[15]

Begleiter auf Dorothees Weg waren zu dieser Zeit Bultmann, welcher ihr mit seiner Entmythologisierung einen Zugang zur Theologie verschaffte und Gogarten, durch welchen sie zu eigenem, verantwortlichen Denken angeregt wurde.

1954 beendete Dorothee ihr Examen in Theologie und Literaturwissenschaft an der Uni Göttingen. Ihre Doktorarbeit schrieb sie über das Thema „Untersuchungen zur Struktur der Nachtwachen von Bonaventura" und wurde für die nächsten sechs Jahre Lehrerin an der Genoveva Schule in Köln-Mühlheim.[16]

Dorothee vermittelte ihre Schüler sehr viel über den Nationalsozialismus und fordert sie zum eigenständigen Denken auf. Sie sollen aus ihrer eigenen Urteilskraft heraus sich ihrer Vergangenheit stellen.

In Freiburg hatte Dorothee im Jahr 1954 Dietrich Sölle kennengelernt. Dieser kam aus der damaligen sowjetischen Besatzungszone und war gelernter Schreiner, Zeichner und Maler. Es gab viele Ungewöhnlichkeiten in der Beziehung zwischen Dorothee und Dietrich: Dietrich war sieben Jahre älter als Dorothee und kam aus einem ganz anderem Hintergrund: er lebte sehr bedürfnislos und hatte kein eigenes Einkommen.[17] Trotz der Unterschiede heirateten die Beide noch im gleichen Jahr.

Zwei Jahre später, im Jahr 1956, kam ihr erster Sohn zur Welt. Dieser trug den Namen Martin. Im Jahr darauf kam hierzu noch eine Tochter mit dem Namen Michaela. Mit den beiden Kindern im Haus wurde der Platz zu klein und die gesamte Familie zog wieder in das Elternhaus in Köln – Marienburg. Durch die Arbeit

---

[13] Ralph Ludwig, Die Prophetin, S.28.
[14] Renate Wind, Dorothee Sölle, S.55.
[15] Renate Wind, Dorothee Sölle, S.56.
[16] Ralph Ludwig, Die Prophetin, S.33.
[17] Ralph Ludwig, Die Prophetin, S.34.

mit ihren beiden Kindern fühlte Dorothee sich zum ersten Mal in ihrem Leben eingewurzelt. 1960

kam dann ihre drittes Kind zur Welt: Caroline. Mit drei kleinen Kindern wird Dorothee die Arbeit mit

der Schule, der Familie und ihre ausweitende Leidenschaft des Schreibend für Rundfunk und

Zeitschriften zu viel. Sie trennte sich von ihrer Schularbeit. [18]

Das Glück der Ehe dauerte nur elf Jahre. Als Dietrich Dorothee verließ, war dies ein harter Rückschlag

für sie. Ihre scheinbar gefundene Heimat wurde zerstört. Diesen Konflikt versuchte sie in ihrem Werk

„Stellvertretung" zu verarbeiten:

„Dieses Buch geht von der Frage aus, wie ein Mensch mit sich selber identisch werden könne, und es

versucht, sie in Beziehung zu setzen zu der anderen, was Christus für unser Leben bedeutet.

Wer bin ich? Wie komme ich zu mir selber? Wie lebe ich so, dass ich es bin, der dieses Leben lebt? So

fragt nicht nur die um sich selbst bekümmerte Subjektivität, sondern der Mensch in der Gesellschaft,

die ihn bindet und formt, beschädigt und entstellt.

Geblendet von den Rückschritten der Aufklärung in diesem Jahrhundert, jenem ungeheuren Rückgang

in die selbstverschuldete Unmündigkeit, betroffen von den immer neuen und sich vervielfältigenden

Formen der Versagung jeder möglichen Identität, geängstet von den Neurosen, mit denen Zivilisation

sich erkauft und nicht hält, was sie verspricht: Humanisierung – fragen wir nach einer Welt, in der es

vielleicht einfacher sein möchte, mit sich identisch zu werden. Aber jede Vision einer heimatlicheren

Erde muss sich messen an der größten der Visionen, die wir kennen: am Reich Gottes."[19]

Durch die Trennung von ihrem ersten Mann stellte Dorothee in der Gesellschaft das Bild eines

gescheiterten Lebens dar. Dies prägte sie sehr. Um sich beruflich neu zu orientieren nahm sie eine

Stelle an der Kölner Universität als wissenschaftliche Mitarbeiterin und Studienrätin für die nächsten

drei Jahre an. Hierdurch hatte sie mehr Zeit für die Erziehung ihrer Kinder.

Dorothee pilgerte das erste Mal 1954 nach Jerusalem. Dort begegnete sie Martin Buber, welcher als

großer jüdischer Gelehrter und Vermittler zwischen den beiden Welten der Gott- und

Wahrheitssucher galt.

Ein weiteres Mal pilgerte sie im Jahre 1966 zu einer Konferenz mit Buber nach Jerusalem. Dort lernte

sie Fulbert Steffensky kennen, welcher Buber aufsuchte, um eine Antwort auf folgende Frage zu

finden: Soll er das Kloster auf Grund der neuen philosophischen Strömungen verlassen? Die Frage

beantwortete sich schnell, als Fulbert Dorothee kennen lernte.

---

[18] Ralph Ludwig, Die Prophetin, S.37.
[19] Renate Wind, Dorothee Sölle, S.54.

1967 wurde der ökumenische Arbeitskreis gegründet, welchem sie aktiv angehörte. Dort trafen sich evangelische und katholische Christen und diskutierten über christliche Themen, wie neue Formen von Glaubensbekenntnissen, konfessionsverschiedenen Ehen oder ein neues Verständnis der Sakramente.[20] Später gingen die Themen in Richtung Politik. Man wählte politisch brisante Themen, welche die Mitglieder der Versammlung besonders berührten. Dorothee legte ihren Schwerpunkt auf das Geschehen im Vietnam, über welches sie von einem engen Freund informiert wurde, welcher im Vietnam als Arzt arbeitete.[21]

Da die Arbeit des ökumenischen Arbeitskreises sehr umstritten war, bekam Dorothee keine Stelle mehr an den Schulen und Universitäten. Das konservative Deutschland hielt ihre Theologie für Blasphemie.[22]

Im Jahre 1969 heirateten Dorothee und Fulbert. Zwei Jahre später wurde ihre erste gemeinsame Tochter Miriam geboren.

Dorothee reichte im Jahr 1970 ihre Habilitationsschrift über „ Realisation. Studien zum Verhältnis von Theologie und Dichtung nach der Aufklärung" an der Universität Köln ein. Darauf folgte ein Prüfungsgespräch, welches normalerweise lediglich der Formsache diente. Völlig unerwartet fiel Dorothee durch. Das geschah nur ein einziges Mal in den letzten 25 Jahren. Ihrer Meinung nach hatte sie eine zu radikal politische Haltung. Dorothee lies sich davon jedoch nicht entmutigen und wiederholte das Prüfungsgesprach ein viertel Jahr später und bestand dieses Mal.[23]

Erst im Jahr 1972 bekam Dorothee einen Lehrauftrag in Mainz. Sie unterrichtete über „ Theologie und ihre Grenzgebiete". Der Vertrag lief über ein Jahr. Darauf hin entschied man, den Vertrag nicht zu verlängern, da Dorothees Arbeit „zu teuer" sei. Nach heftigen Diskussionen einigte man sich darauf, dass sie ein weiteres Semester bleiben dürfe, hierfür jedoch keine Bezahlung bekam. Erst als die Diskussion rund um Dorothee sich etwas gelegt hatte, wurde der Vertrag wieder verlängert.

Im Sommer 1974 entschied sich Dorothee an dem Union Theological Seminary in New York zu arbeiten. Dorothee fand schnell Gefallen am amerikanischen Publikum, da dieses viel offener an ihre Thesen heran ging und sich mehr von den eigenen Erfahrungen leiten lies, ohne dies mit den traditionellen Erfahrungen zu vergleichen.[24] Die Liturgie wirkte hierdurch sehr viel sinnlicher, als in Deutschland.

---

[20] Ralph Ludwig, Die Prophetin, S.49.
[21] Ralph Ludwig, Die Prophetin, S.49.
[22] Renate Wind, Dorothee Sölle, S.82.
[23] Ralph Ludwig, Die Prophetin, S.65.
[24] Ralph Ludwig, Die Prophetin, S.80.

Ein Jahr später erhielt auch Fulbert eine Gastprofessur in den USA. Daher zog die Familie Sölle - Steffensky nach Amerika und wohnte dort in einem kleinen klosterartigen Gebäude, der MacGiffert-Hall des Union Theological Seminary.

Im Sommer 1977 kehrte die ganze Familie zurück nach Hamburg. Lediglich Dorothee verbrachte jedes Jahr drei Monate in Amerika, um im Sommersemester weiterhin an dem Union Theological Seminary zu unterrichten. Das tat sie für die nächsten acht Jahre.

Während einem sechswöchigen Aufenthalt in einem einsamen, italienischen Ort namens Monterosso in Cinqueterre fand Dorothee erstmals einen Zugang zur Mystik. Sie empfand die Stille um sie herum als Befreiung und nahm dies als Anlass ein weiteres Werk mit dem Titel „Hinreise" zu schreiben. Wie die meisten ihrer Bücher war dies kein geschlossenes Werk, sondern eine Sammlung einzelner Gedanken, welche ihre religiösen Erfahrungen reflektieren.[25]

In dem Werk „Symphatie", welches im Jahre 1978 veröffentlicht wurde, versuchte Dorothee erstmals ihre eigene Entwicklung der vergangenen zehn Jahre durchsichtiger und mittelbarer zu machen.[26]

1994 wurde Dorothee eine Ehrenprofessur an der Universität Hamburg verliehen.

Bis zu ihrem Tod war Dorothee stets unterwegs um ihre Theologie zu verbreiten. Am Morgen des 27.April 2003 starb Dorothee Sölle im Alter von 73 Jahren an einem Herzinfarkt während eines Aufenthalts auf einer Tagung der Evangelischen Akademie Bad Boll.
"Gott und das Glück" war das letzte Thema, zu dem sie gesprochen hat.

---

[25] Ralph Ludwig, Die Prophetin, S.68.
[26] Ralph Ludwig, Die Prophetin, S.71.

2. Das Wirken

2.1 Die politischen Nachtgebete

Die bekanntesten Mitglieder der Vereinigung waren
Dorothee Sölle, Fulbert Steffensky, Marie Veit, Heinrich Böll,
Egbert Höflich und Michael Dohle. Der oberste Grundsatz ihrer
Arbeit lautete:

„ Jeder theologischer Satz muss auch ein politischer sein. "[27]

Hiermit wurde sicher gestellt, dass die Beschäftigung mit
theologischen Fragen auch politische Folgen haben muss.

Die Gruppe vergrößerte sich rasch. Aus Anfangs zwölf Mitgliedern wurden schon bald dreißig. Da
ihnen die Nutzung der Kirche untersagt war, fanden die Demonstrationen und Veranstaltungen
außerhalb der Kirche statt.

Das erste Mal trat der Kreis im September 1968 auf dem Katholikentag in Essen an die Öffentlichkeit.
Hier sollte eine theologisch-politische Veranstaltung zur Situation in der Tschechoslowakei nach dem
Prager Frühling stattfinden. Die Leitung des Katholikentages erlaubte ihnen den Vortag dort zu
halten, allerdings erst spät abends um 23 Uhr. Aus diesem Grund nannten sie die Veranstaltungen
die „politischen Nachtgebete" und gaben dem Ganzen einen ironischen Touch.[28]

Es gab eine immer wiederkehrende Liturgie der politischen Nachtgebete: Zuerst kam die Schilderung
der politischen Situation, anschließend die Konfrontation mit biblischen Texten, eine kurze
Ansprache, der Aufruf zur Aktion und zum Schluss die Diskussion mit der Gemeinde. Kurz nannten sie
diese Elemente „Information, Meditation und Aktion."[29]

Nach dem Katholikentag gab es weitere, ähnliche Veranstaltungen in Köln. Es wurde ihnen erstmals
gestattet die Liturgie in einer Kirche abzuhalten. Der Pfarrer der katholischen St. Peter Kirche sagte
ihnen dies zu. Allerdings erhob Kardinal Höffner Einspruch und somit mussten sie in eine kleine
gotische Antoniterkirche ausweichen, welche nur rund 1200 Menschen fasste.

---

[27] Renate Wind, Dorothee Sölle, S.73.
[28] Ralph Ludwig, Die Prophetin, S.50.
[29] Ralph Ludwig, Die Prophetin, S.50.

Die Bild-Zeitung erreichte dieser Skandal und schrieb darüber einen Artikel mit der Überschrift „Kardinal sperrt Beter aus." Dieser Artikel hatte ein gewaltiges Echo zur Folge.[30] Den katholischen Amtsträgern wurde die Teilnahme an den Nachtgebeten verboten.

Da die kleine Antoniterkirche vollkommen überfüllt war, wurde auf Grund der hohen Nachfrage der Entschluss gefasst die Abende regelmäßig zu wiederholen. Themen die hierzu gewählt wurden, waren unter anderem: das Gefängnis, die Stadtplanung, die Dritte Welt, die Frauenemanzipation, die Studentenbewegung und viele weitere.

Kritik zu den politischen Nachtgebeten kam auch vom Präses der rheinischen Landeskirche Joachim Beckmann. Er warf dem ökumenischen Arbeitskreis vor, dass ihre Verbindung von Politik und dem Evangelium vergleichbar sei mit der Unterwanderung der Kirche durch nazifreundliche Christen.[31]

Darauf reagierte der ökumenische Arbeitskreis wie folgt:

„Der Vergleich mit den Deutschen Christen ist eine Beleidigung für alle, die am Nachtgebet teilnehmen. Gegenüber der politischen Schwärmerei der Deutschen Christen bemühen wir uns gerade um klare Analyse politischer Sachverhalte zum Zweck der Erhellung und Veränderung des politischen Bewusstseins. Wir vertreten keine bestimmte Gesellschaftsphilosophie, meinen aber, dass die Aufgabe der Kritik der Gesellschaft bisher von den Kirchen und den Christen zu wenig gesehen wurde. Wir folgen damit einer Linie der Bibel und des Glaubens, die bisher vernachlässigt wurde, meditieren und beten darüber."[32]

Da die politischen Nachtgebete immer publiker wurden, weitete der Arbeitskreis seine Arbeit von Köln auf andere Städte der Bundesrepublik aus, später dann auch auf Holland und die Schweiz.[33]

Eins der umstrittensten Elemente war Dorothee Sölles Glaubensbekenntnis, welches sie zum ersten Mal auf einem der politischen Nachtgebete verlas:

„Ich glaube an Gott, der die Welt nicht fertig geschaffen hat wie ein Ding, das immer so bleiben muss der nicht nach ewigen Gesetzen regiert, die unabänderlich gelten; nicht nach natürlichen Ordnungen von Armen und Reichen, Sachverständigen und Uniformierten, Herrschenden und Ausgelieferten.

Ich glaube an Gott, der den Widerspruch des Lebendigen will und die Veränderung aller Zustände durch unsere Arbeit, durch unsere Politik.

Ich glaube an Jesus Christus, der Recht hatte als er „ein Einzelner der nichts machen kann" genau wie wir an der Veränderung aller Zustände arbeitete und darüber zugrunde ging.

---

[30] Ebd.
[31] Renate Wind, Dorothee Sölle, 79.
[32] Ebd.
[33] Hermle, Siegfried, Umbrüche, S.265/66.

An ihm messend erkenne ich wie unsere Intelligenz verkrüppelt, unsere Phantasie erstickt, unsere Anstrengung vertan ist, weil wir nicht leben wie er lebte. Jeden Tag habe ich Angst, dass er umsonst gestorben ist, weil wir seine Revolution verraten haben in Gehorsam und Angst vor den Behörden.

Ich glaube an Jesus Christus, der aufersteht in unser Leben, dass wir frei werden von Verurteilung und Anmaßung, von Angst und Hass und seine Revolution weitertreiben auf sein Reich hin.

Ich glaube an den Geist, der mit Jesus in die Welt gekommen ist, an die Gemeinschaft aller Völker und unserer Verantwortung für das, was aus unserer Erde wird, ein Tal voll Jammer, Hunger und Gewalt oder die StadtGottes.

Ich glaube an den gerechten Frieden, der herstellbar ist, an die Möglichkeit eines sinnvollen Lebens für alle Menschen, an die Zukunft dieser Welt Gottes.

Amen."[34]

Nach fünf Jahren Arbeit des ökumenischen Arbeitskreises zerfiel die Gruppe allmählich. Dies geschah, weil der innere Kern sich immer weiter auflöste: wichtige Mitglieder zogen aus familiären Gründen weg, oder entfernten sich vom Arbeitskreis, weil sie mit der Doppelbelastung Arbeitskreis und Beruf überfordert waren. Daher wurde eine organisatorische Umstrukturierung vorgenommen, welche auch einen neuen Gruppennamen mit sich brachte. Die Gruppe nannte sich ab Juli 1972 „Christen für den Sozialismus".[35]

2.2. Das Union Theological Seminary

Das Union Theological Seminary wurde 1836 von der Presbyterian Church gegründet. Während des späten 19. Jahrhunderts wurde das Union Theological Seminary eines der führenden Zentren des liberalen Christentums in den Vereinigten Staaten. Nach dem Häresieprozess gegen Charles Augustus Briggs im Jahre 1892 löste sich das Seminar von der presbyterianischen Kirche und wurde rechtlich unabhängig. Somit stellt es das führende Zentrum der liberalen Theologie in den USA dar.[36]

Durch die freien und radikalen Denkweisen bekam das Union Theological Seminary den Ruf aufsässig zu sein. Man warf ihm vor, dass das oberste Ziel des Seminary eine theologische – politische Bekehrung sei.

---

[34] Renate Wind, Dorothee Sölle, S.59.
[35] Hermle Siegfried, Umbrüche, S. 274.
[36] Renate Wind, Dorothee Sölle, S.122.

3. Literaturverzeichnis

Hermle, Siegfried, Lepp, Claudia, Oelke, Harry (Hg.): Umbrüche. Der deutsche Protestantismus und die sozialen Bewegungen in den 1960er und 70er Jahren. Göttingen 2007

Ludwig, Ralph: Die Prophetin. Wie Dorothee Sölle Mystikerin wurde. Berlin 2008

Wind, Renate: Dorothee Sölle. Rebellin und Mystikerin. Die Biografie. Stuttgart 2008